Jean-Philippe Delhomme

Das Drama mit der Deko

Aus dem Französischen von Florian Grimm

liebeskind

Design

Nur wahre Sammler wie wir können einen echten Mies van der Rohe erkennen, selbst wenn er sich mit einem so grässlichen Stoff tarnt.

Diese mit der Kettensäge bearbeiteten Möbelstücke haben
etwas ungemein Kraftvolles, das selbst auf unsere Sprache abfärbt.

Wissen Sie, ich habe immer schon davon geträumt, auf dem Teppich zu sitzen.

Mit meinem Fimmel für Secondhand-Klamotten muss ich mich
sehr zurückhalten, um nicht in der Füllung herumzuwühlen.

Wir hatten uns so gefreut, als wir diesen Vintage-Stuhl von Giancarlo Piretti gekauft haben. Und dann hat uns ein Freund, der Innenarchitekt ist, erzählt, dass er bei der Renovierung eines alten Bürogebäudes 860 Stück davon gefunden hat.

Wir warten noch auf einen Rietveld-Tisch von 1930, den wir mit unseren
Zig-Zag-Stühlen kombinieren können. Unser Galerist hat einen ausfindig gemacht,
dessen Besitzerin schon sehr alt ist und auf den wir jetzt eine Kaufoption haben.

Ich weiß gar nicht, was los ist. Diese Deko mit den leuchtenden
Farben regt mich viel weniger an als ursprünglich geplant.

Ich verkaufe ein Objekt nur ungern, wenn ich weiß,
dass der Sammler dafür kein geeignetes Haus hat.

Viele junge Leute sind beeindruckt, dass ich einen Sacco besitze.
Für mich ist es nichts weiter als eine Möglichkeit, auf der faulen Haut zu liegen.

Wir wollten für unsere neue Wohnung etwas
weniger Offensichtliches als eine Corbusier-Liege.

Modisches und Antiquiertes

Wir lieben es, Gäste in unserem Dining-Dressing-Room zu empfangen. Das bringt das Tischgespräch in Schwung. Sogar Freunde, die beruflich mit zeitgenössischer Kunst zu tun haben, sind begeistert.

Obwohl ich in meiner Arbeit als Designer sehr überschwänglich und verspielt bin, achte ich strikt darauf, dass mein Haus nicht zu einer Art Fantasyland verkommt.

Ich versuche, den Garten mit meiner neuen Modekollektion in Einklang zu bringen. In dieser Jahreszeit geht der Trend hin zu gedämpften Tönen, die dominante Farbe ist ein komplexes, erdiges Grau. Und alles hat – obgleich es höchsten Ansprüchen genügt – immer einen leicht vernachlässigten Touch.

Obwohl die Wohnfläche meines Apartments relativ gering ist, wollte ich, dass man das Gefühl von Luxus hat, wie bei einem T-Shirt aus Kaschmir.

Ich frage mich, ob es meinen Vorfahren gegenüber loyal war,
ihre Fauteuils mit Leopardenfell beziehen zu lassen.

Stell dir einfach vor, es ist der Eames Chair des 18. Jahrhunderts.

Natürlich haben wir Strom, aber nur für Powerbooks.

Stimmt, das alles ist ziemlich pompös. Aber in mir schlummert ein zwanghafter Minimalist, der sich jede Minute Bahn brechen kann.

Außergewöhnliche Orte

Dieses Haus hatte früher eine große Anziehungskraft, aber jetzt brauche ich eine andere Kulisse. Vielleicht sollte ich nach Palm Springs ziehen.

Was mich an dem Haus am meisten fasziniert, ist dieses Felsenelement, das man in die Gestaltung des Wohnzimmers miteinbezogen hat. Ich wäre völlig verzweifelt, wenn das Gestein eines Tages abgeschwemmt würde.

Dabei hatte ich den Architekten eine Mail geschrieben und sie gebeten, das Projekt noch einmal zu überarbeiten und dabei etwas weniger minimalistisch vorzugehen.

Wir schätzen das Meer als Dekoration, aber wir nutzen es nicht wirklich.

Wir haben eine Auswahl primitiver Kunst mit Picasso-Drucken kombiniert, um unserem Zelt diesen typischen Peter-Beard-Look zu geben. Leider haben uns die Leute beim Zoll nicht abgenommen, dass es sich dabei um Fälschungen handelt.

Meine traditionelle afrikanische Hütte ist so stabil gebaut,
dass mein Handy im Inneren keinen Empfang hat.

Merkwürdigerweise reagieren die Leute gar nicht so begeistert auf dieses Replikat von Le Corbusiers berühmter Ferienhütte. Ich musste mich sogar mit den Lokalbehörden auseinandersetzen, damit die nicht mit dem Bulldozer anrücken und sie abreißen.

Wir haben unser Case Study House in L. A. gegen ein Schloss in Bayern getauscht.
Zur Sicherheit haben wir einige Accessoires mitgenommen, die uns ans Herz gewachsen sind.
Für den Fall, dass die Umstellung schwerer fällt als erwartet.

Diese Barke stammt aus Hongkong und wurde in den sechziger Jahren von Hippies in ein Hausboot umgewandelt. Das Problem ist, dass die ehemaligen Besitzer sich dabei so viel Mühe gegeben haben, dass das Ganze nun jede Minute sinken kann.

Warum nicht im Privatjet wohnen? Heutzutage bekommt man eine gebrauchte Falcon für eine recht moderate Summe. Sie muss nur auf dem Dach eines Gebäudes befestigt werden, und schon hat man ein höchst interessantes Heim.

Das funktionale Haus

In den fünfziger Jahren haben uns viele Leute gesagt,
dass wir früher oder später mit unserem Haus surfen würden.

Mein Vorhaben, die Wände mit schwarzer Tafelfarbe streichen zu lassen, ist nicht auf irgendwelche Wohntrends zurückzuführen. Ich will mir Notizen machen können, wenn ich die Idee für ein neues Rezept habe.

Als er sich einmal ins Haus verirrte, stürzte sich
unser Esel direkt auf die »Heuballen-Stühle«.

Obwohl wir überhaupt keine Zeit zum Kochen haben, finden wir es wichtig, eine Küche zu besitzen, die uns das Gefühl von einem richtigen Haushalt vermittelt.

Mein Mann und ich wollten nicht nur getrennte,
sondern auch voneinander unabhängige Waschbecken.

Unsere Freunde sind ziemlich beeindruckt,
dass wir einen echten Marcel Duchamp im Badezimmer haben.

Als der auf Bali wohnende Bildhauer diese Auftragsarbeit endlich
fertiggestellt hatte, waren Holzbadewannen längst wieder aus der Mode.

Was das Badezimmer angeht, können Sie sich ruhig austoben.
Genau da wollen wir unser Geld investieren.

Die Vorbesitzer hatten ein türkisches Bad eingebaut.
Aber ich bin nicht sicher, ob ich es ohne Probleme zum Laufen bekomme.

Wir umgeben uns gern mit Objekten, die so schön sind,
dass sie gar nicht mehr nützlich zu sein brauchen.

Wir könnten Derrida oder auch Gombrowicz in unserer Bibliothek
haben, aber sicher ist das nicht. Unser Innenarchitekt hat die einzelnen
Bände nach der Farbgestaltung der Buchrücken ausgesucht.

Ich weiß schon, dass sich eher ein Designmagazin für mein Atelier
interessiert als eine Kunstzeitschrift für meine Arbeiten.

Häusliche Kunst

Was ich für dieses Haus brauche, ist eine Kunstrichtung,
die es mit der Wüste aufnehmen kann.

Dieser Damien Hirst ist für den Hausgebrauch perfekt.

Also, für die Küche bitte keine Kunstwerke, die sich mit irgendwelchen Apparaturen in die Quere kommen könnten.

Da wir bereits alles in Hinblick auf die Kunst umgestaltet haben,
machen wir uns nun daran, die Aussicht zu modifizieren.

Dank dieser Akquisition war es uns möglich, auf das Sicherheitssystem zu verzichten, mit dem wir bislang unsere Sammlung geschützt haben.

Und jetzt müssen Sie sich noch Gedanken machen, was wir im Gästehaus aufhängen.
Vielleicht irgendetwas, womit jeder zurechtkommt. So wie abstrakte Schwarz-Weiß-Fotografien.

Für den Anfang würde ich vorschlagen, all das zu entsorgen,
was sich neben dieser Skulptur zu behaglich ausnimmt.

Eine plötzliche Reduzierung meiner Bezüge als Kurator
zwingt mich, in dieser Installation zu kampieren.

Wir wollten unbedingt, dass unser Haus einem Museum für Moderne Kunst gleicht.
Deswegen haben wir sogar eine Shop-Ecke eingerichtet.

Vorsicht, nicht draufsetzen! Das ist alles andere als ein Hocker.

Innen / Außen

In den fünfziger Jahren war das noch ein ganz junges Bäumchen.
Wir haben gar nicht darauf geachtet, als wir diesen Anbau planten.

Wir wollten, dass unser Garten einen leicht surrealistischen Touch hat.
Deshalb haben wir uns dort einen Kamin bauen lassen.

Wenn Ihr Garten ein wenig nackt aussieht, warum stellen Sie nicht Pflanzenfotos auf? Dann wirkt auch alles etwas moderner.

Die Dinner auf unserer Dachterrasse sind einfach zauberhaft.
Von der Straße dringt ein wahnsinniger Verkehrslärm nach oben, weshalb sich niemand verpflichtet fühlt, eine Unterhaltung zu führen.

Es ist ein Hochgenuss, im Garten zu schlafen, auch wenn wir vorzugsweise eine Waffe in Reichweite haben, wegen der vielen merkwürdigen Geräusche.

Zu Weihnachten verwandeln wir unseren Garten in
einen Themenpark und organisieren Führungen.

Wir sind unserem Architekten gegenüber moralisch verpflichtet,
auf jegliche Dekoration zu verzichten. Selbst an Weihnachten und Ostern.

Dank dieses leuchtenden Tannenbaums, den ich durch Zufall auf dem Flohmarkt entdeckt habe, kommt mir das Weihnachtsfest gar nicht mehr so lächerlich vor.

Haben Sie auch eine Außendusche?
Es ist wirklich fabelhaft …

Unser Schwimmkorridor ist so lang, dass er mehrere Schlösser miteinander verbindet. Wie früher die unterirdischen Gänge.

Psycho-Deko

Eine designorientierte Therapie hat in mir die Erkenntnis geweckt,
dass ich kein Modernist bin, sondern vor allem ein Narziss.

Wir lassen jeden Potpourri, der ins Haus kommt, systematisch untersuchen,
nachdem wir einen geschenkt bekommen haben, bei dem wir wochenlang niesen mussten.

Da ich immer wieder von Herbstdepressionen heimgesucht werde,
versuche ich, das ganze Jahr über einen sommerlichen Lebensstil zu pflegen.

In unserem vorherigen Haus haben wir uns immer geistig beschränkt gefühlt,
aber jetzt wissen wir, dass das nur eine Frage der Architektur ist.

Als Architekt habe ich natürlich meine Eltern überredet, dass ich ihr neues Haus planen darf.
Aber jetzt fällt mir auf, dass ich wohl unbewusst etwas »richtigstellen« wollte.

Kann sein, dass dieses Zimmer ein wenig hochtrabend daherkommt …

Ja, ich glaube schon, dass ich wegen einer stillosen Türklinke zur Mörderin werden könnte.

Je mehr Fortschritte ich in Sachen Deko mache, desto öfter habe ich das Gefühl, rein gar nichts zu verstehen. Man kann nicht anders, als sich in Demut üben.

In meinem Apartment herrscht eine gewisse ästhetische Disziplin,
deren ungeschriebene Gesetze allerdings nicht verhindern können,
dass gewöhnliche Kreaturen hier herumlungern.

Man kann unpersönlichen Räumen sofort ein weniger konventionelles Erscheinungsbild geben, indem man einfach etwas an die Wand schreibt.

Jede noch so minimalistische Einrichtung lässt sich
mit einer neckischen Deckentapete aufpeppen.

Ich habe diesen wiederkehrenden Traum, wo ich bei den Eames' eingeladen bin, irgendwann in den Fünfzigern, und Ray versucht, mir etwas zu erklären. »In Ihrem Haus sollte man …« meint sie, und dann wache ich auf und denke den ganzen Tag darüber nach, was sie wohl sagen wollte.

Oft träume ich davon, dass ich in die Hölle komme. Das Design dort ist erstaunlicherweise recht nüchtern (Leder, Beton, Stahl), im Gegensatz zum Paradies, wo es der Deko nach meinem Geschmack ein wenig an Strenge fehlt.

Wenn ich mich tagsüber mit Deko-Problemen herumgeschlagen habe,
träume ich oft davon, einem Casting von Designern und Innenarchitekten
beizuwohnen. Die Schlange ist endlos, wie beim Schäfchenzählen.

Bitte holen Sie uns hier raus! Dieses vegetarische Dinner ist
nur ein Vorwand, um ihr neues Zen-Geschirr einzuweihen.

Monatelang habe ich alle Hebel in Bewegung gesetzt, damit ein Designmagazin einen Artikel über mein Apartment bringt. Als sie dann endlich vorbeischauten, hatte ich dummerweise am Abend zuvor die Sau rausgelassen.

Die Originalausgabe erschien 2000 unter dem Titel *Le drame de la déco* bei Éditions Denoël, Paris.
Sie wurde für die vorliegende Ausgabe vom Autor durchgesehen und revidiert.

Umschlaggestaltung: Marc Müller-Bremer, München
Layout, Satz und Herstellung: Sieveking · Verlagsservice, München
Druck und Bindung: Aumüller Druck GmbH, Regensburg

ISBN 978-3-95438-017-6